Ushabti di militari del Museo Egizio di Firenze

Giacomo Cavillier

BAR International Series 2032
2009

Published in 2016 by
BAR Publishing, Oxford

BAR International Series 2032

Ushabti di militari del Museo Egizio di Firenze

ISBN 978 1 4073 0609 4

BAR Publishing is the trading name of British Archaeological Reports (Oxford) Ltd.
British Archaeological Reports was first incorporated in 1974 to publish the BAR
Series, International and British. In 1992 Hadrian Books Ltd became part of the BAR
group. This volume was originally published by Archaeopress in conjunction with
British Archaeological Reports (Oxford) Ltd / Hadrian Books Ltd, the Series principal
publisher, in 2009. This present volume is published by BAR Publishing, 2016.

Printed in England

BAR
PUBLISHING

BAR titles are available from:

BAR Publishing
122 Banbury Rd, Oxford, OX2 7BP, UK
EMAIL   info@barpublishing.com
PHONE   +44 (0)1865 310431
FAX   +44 (0)1865 316916
www.barpublishing.com

INDICE

PREFAZIONE

Il presente lavoro è dedicato allo studio di un gruppo di ushabti del Museo Egizio di Firenze che recano titoli di natura militare. Questi pezzi, la cui acquisizione e catalogazione risale agli inizi del secolo scorso, pur nella loro esiguità, risultano di particolare interesse non solo ai fini dell'analisi stilistica e del materiale ma soprattutto per la loro valenza prosopografica. Molti sono stati infatti i progressi fatti negli studi degli ushabti e nel campo della prosopografia militare in quest'ultimo cinquantennio ed è parso perciò utile procedere ad un'analisi dei pezzi inediti e ad una nuova scansione dei dati in nostro possesso, in sintonia con gli edificanti apporti di specialisti come Alan Schulman, Jean Yoyotte, Jesus Lopez, Ahmed Kadry, Pierre-Marie Chevereau, Kenneth A. Kitchen e Hans D. Schneider.

Il volume comprende le schede descrittive degli ushabti suddivise in due parti, la prima dedicata ai pezzi che recano titoli militari e la seconda a quelli che recano titoli afferenti all'organizzazione militare anticoegiziana; la documentazione fotografica, la bibliografia e un indice dei nomi e dei titoli costituiscono gli utili riferimenti finali.

Ringrazio Maria Cristina Guidotti, Direttrice del Museo Egizio di Firenze, per la disponibilità alla realizzazione e revisione del presente lavoro e Pier Roberto Del Francia per i preziosi consigli e suggerimenti alla stesura e ricerca delle fonti.

Giacomo Cavillier

CODIFICHE E SIMBOLOGIA

La struttura delle schede presenti nel volume è quella usualmente utilizzata nei cataloghi, con l'aggiunta, data la specificità del settore di studio, di un "**Commento al titolo**" e di un *elenco dei titoli militari nei casi di omonimia* alla voce "**Riferimenti**", tesi a chiarire la funzione del titolo e agevolarne l'analisi prosopografica.

Per ragioni di semplicità è sembrato altresì opportuno intestare le schede con il codice "tipologia del titolo" seguito dal numero progressivo e con il nominativo del possessore dell'ushabti sia in geroglifico che traslitterato. Le note contenute in ciascuna scheda si avvalgono delle abbreviazioni riportate in bibliografia.

Tipologia del titolo

TM   titoli militari
TC   titoli connessi ai militari

Caratteristiche descrittive dell'ushabti
Utilizza la classificazione di Schneider 1977:

Descrizione

Cl.   Classe (tipologia generale)
W   Tipologia parrucca e barba
H   Posizione braccia e mani
I   Tipologia strumenti
B   Tipologia del canestro o sacco
A   Amuleti e attributi
Tp   Disposizione del testo sulla statuetta

L'insieme delle abbreviazioni della descrizione sono separate dal segno " ; " e in caso di non perfetta rispondenza alla codifica di Schneider si userà la dicitura "cfr.".

Dimensioni
h   altezza
l   larghezza
s   spessore massimo

Formula

N “titolare” dell’ushabti
P enunciazione di N
I invocazione iniziale
O ostacolo
Sm appello al possessore (**SIm**=primo appello, **SIIm**=secondo appello, etc.)
Ss appello al servitore
Sms appello al possessore e servitore
D  (compiti dell’ushabti)
T specificazione dei lavori da compiere nell’aldilà
a.a.m. formula “come un uomo ai suoi doveri”
nw formula “in questo istante”
C chiamata

L’insieme delle abbreviazioni della formula sono separate dal segno “=” e in caso di non perfetta rispondenza alla codifica di Schneider si userà il simbolo “>”.

Iscrizioni geroglifiche

Per le iscrizioni geroglifiche vale la consueta simbologia:
[ ] integrazione a seguito di lacuna nel testo
<> integrazione a seguito di omissione dello scriba
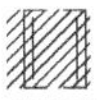 passo incerto o corrotto
 passo corrotto ma leggibile
( ) integrazione per chiarire il testo
* frase incompiuta o di significato incompiuto

Riferimenti

Il riferimento al nome del possessore segue la seguente impostazione:

“**PN** (Ranke, *Personennamen*), **volume**, **pagina** e **numero di riferimento**” (es. PN, I, 280, 12)

In caso di non perfetta rispondenza si userà la dicitura “cfr.”.

PARTE PRIMA

TITOLI MILITARI

TM 1	Ushabti di *Ḥwy*	

Inventario n.	1811
Materiale:	Calcare
Dimensioni:	**h** 32 – **l** 4 – **s** 1.6 cm
Provenienza:	Necropoli di Tebe
Acquisizione:	Spedizione Franco-Toscana 1828-1829
Conservazione:	Integro
Note tecniche:	Scultura, incisione
Datazione:	Nuovo Regno (XIX Dinastia)

Descrizione:

Cl.V1B2; cfr.**W**14; **H**1; **A**1; **Tp.**8a

L'ushabti si presenta con barba lievemente pronunciata, parrucca striata con riccioli resi in rilievo e le braccia incrociate sul petto, che recano il pilastro *djed* e l'amuleto *tyt*, anch'essi in rilievo. Il corpo è accuratamente abbigliato con una camicia con maniche plissettate e una lunga gonna liscia con grembiule trapezoidale centrale. Sul grembiule è incisa un'iscrizione verticale che riporta il nome e il titolo del defunto.

Formula:

P

Testo:

Il Sehedj, l'Osiride, Comandante di Reggimento, Huy giusto di voce[1]

Commento al titolo:	Il titolo ⬚ "Comandante di Reggimento/Battaglione" è attestato a partire dal Nuovo Regno[2] forse in relazione con l'introduzione nell'esercito dei "Reggimenti" o "Battaglioni" (*pdt*). È comunemente accettato dagli studiosi che si tratta di un titolo posto immediatamente ad di sotto di quello del 𓄿 *mr* "generale" con compiti sia di coordinamento e comando di unità superiori alla "compagnia", sia di comando di piazzeforti ubicate nei territori stranieri (Nubia e Siria-Palestina). La traduzione letterale del termine *pdt* (arco, arciere) rende talvolta ardua una distinzione funzionale fra questo grado e quello riferibile ai "Comandanti dei Raggruppamenti di arcieri" il cui titolo è attestato nella forma di ⬚[3] o di ⬚[4]
Riferimenti:	PN I.233.18 Nel Nuovo Regno sono attestati altri quattro personaggi omonimi che recano il titolo di "Comandante di Reggimento/Battaglione", dei quali, i seguenti tre risultano in possesso di altri titoli di natura militare: 1. Chevereau 1994, n.11.69 – XIX Dinastia: ⬚ "Comandante di cavalleria" 2. Chevereau 1994, n.11.67 – XVIII Dinastia: ⬚ "Comandante di cavalleria"[5] ⬚ "Scriba dell'esercito del faraone"[6] 3. Chevereau 1994, n.11.68 – XIX Dinastia: ⬚ "Soprintendente della cavalleria di Sua Maestà"[7]

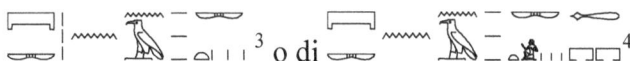

- "Comandante di cavalleria"[8]
- "Comandante del Reggimento di Tjarw"[9]

4. Chevereau 1994 n.1.11.70 – XVIII-XIX Dinastia:

"Comandante dei territori stranieri"

"Comandante del paese di Tehenw".

Bibliografia:

Pellegrini 1900, p.26 n.151;

Guidotti-Pecchioli Daddi 2002, p.65 n.15.

Note:

1. Migliarini nell'inventario manoscritto del 1856 traduce "Capo degli eserciti reali".
2. Wb.I, p.571,1; LÄ IV, 132; Helck 1939, pp.37-40; Faulkner 1953, p.45; AEO 113* (234); Schulman 1964, pp.53-56, §126-34; Yoyotte-Lopez 1969, pp.4-5; Chevereau 1994, p.64 n.11.
3. Chevereau 1994, p.74 n.11127.
4. Chevereau 1994, p.82 n.11124
5. Chevereau 1994, p.49 n.7.23.
6. Chevereau 1994, n.31.36.
7. Chevereau 1994, p.41 n.4.15.
8. Chevereau 1994, p.49 n.7.24 sul titolo: vedi nota 4.
9. Chevereau 1994, p.45 n.11143.

TM 2	**Ushabti di *Nḫs***	

Inventario	1809	
Materiale:	Basalto	
Dimensioni:	**h** 13 – **l** 4 – **s** 1.6 cm	
Provenienza:	Necropoli di Tebe	
Acquisizione:	Spedizione Franco-Toscana 1828-1829	
Conservazione:	Integro (con visibile frattura al centro del corpo sul lato frontale)	
Note tecniche:	scultura, incisione	
Datazione:	Nuovo Regno (XIX Dinastia)	
Descrizione:	**Cl.**V1B2; **W**14; **H**8; **I**12; **Tp.**4	

Descrizione:

L'ushabti si presenta con barba lievemente pronunciata, parrucca striata con riccioli resi in rilievo e le braccia incrociate sul petto, che recano la zappa e l'aratro, anch'essi in rilievo. Il corpo è accuratamente abbigliato con una camicia con maniche plissettate e una lunga gonna liscia con grembiule trapezoidale centrale. Sulla gonna è incisa un'iscrizione su sei fasce orizzontali e una colonna verticale sul davanti, che riporta una versione del capitolo VI del *Libro dei Morti* e il titolo del defunto.

Formula:

P=I=SIm=D=T=SIIm=C > Sch.1977: ver.IIIB.4

2.

3.

4.

5.

6.

Testo:

a. *Il Sehedj, l'Osiride scriba reale, generale, Nḥs <giustificato>*

b. *Egli dice: "O questi ushabti, se si convoca, se si numera per fare tutti i lavori da farsi nella necropoli: coltivare i campi, irrigare le sponde, trasportare con imbarcazioni la sabbia (dall')[Oriente]all'Occidente, se convocato (tu dirai):"eccomi".*

Commento al titolo:

Il titolo "Generale" risale all'Antico Regno ed è attestato fino alla fine dell'Epoca Tolemaica[1]. Nel Nuovo Regno si assiste tuttavia ad una sua rarefazione probabilmente dovuta alla riorganizzazione dell'esercito avvenuta agli inizi della XVIII Dinastia e poi nuovamente agli esordi della XIX: in tale contesto, i *mr mš'* sono un élite ristretta nelle cui mani il sovrano affida la guida dell'esercito. Trattandosi di un titolo posto immediatamente ad di sotto di quello del *mr mš' wr* "Generalissimo" riservato al visir o a dignitari e personaggi di sangue reale, anche il *mr mš'* sembra in alcuni casi riservato a personaggi d'alto lignaggio a corte spesso anche non impegnati direttamente in questioni militari. Negli altri casi il *mr mš'* rappresenta il coronamento della carriera del soldato. Quest'ultima situazione ben si adatta al nostro personaggio, probabilmente un nobile educato a palazzo, dato il contestuale possesso del titolo di "scriba reale".

Riferimenti:	PN I.209.4

Nel Nuovo Regno non sono attestati omonimi che recano il titolo di *mr mš'* ma ci è noto solo un personaggio in possesso dei seguenti titoli:

1. Chevereau 1994 p.211 n.30.73 – XIX Dinastia :
   - "Scriba della fanteria" [hieroglyphs] [2]
   - "Scriba dell'esercito" [hieroglyphs] [3]

Bibliografia:	Pellegrini 1900, p.22 n.127;
	Guidotti – Pecchioli Daddi 2002, p.64 n.13.

Note:	

1. Wb.II, p.155, 16; LÄ II,524; Helck 1939, p.27; Faulkner 1953, p.33 e p.37; AEO 21* (76); Schulman 1964, pp.41-44, §94-98; Yoyotte-Lopez 1969, p.9; Chevereau 1994, p.22 n.2:19; Chevereau 1985, p.260.

2. Wb.IV, p.212, 15; Faulkner 1953, p.46; AEO 25* (88), 33* (107), 34* (108); Schulman 1964, pp.65-66 §163-169; Chevereau 1994, p.224 n.33.

3. Wb.II, p.155, 18, III, 479, 15; LÄ IV, 131; Helck 1939, p.14; Faulkner 1953, p.46; AEO 25*; Schulman 1964, pp.62-63, §157-62; Chevereau 1994, p.202 n.30.

| **TM 3** | **Ushabti di *S3-3st*** | |

Inventario	1818
Materiale:	Basalto
Dimensioni:	**h** 13.8 – **l** 3.3 – **s** 2.9 cm
Provenienza:	n.n.
Acquisizione:	Collezione Ricci 1832
Conservazione:	Incompleto (manca la parte superiore e i piedi)
Note tecniche:	Scultura, incisione
Datazione:	Nuovo Regno (XIX dinastia)

Descrizione: **Cl.**VIB1; **Tp.**4

L'ushabti si presenta fortemente mutilato e presenta una lunga gonna liscia con grembiule trapezoidale centrale plissettato. Sulla gonna è incisa un'iscrizione su sei fasce orizzontali che riporta una versione del capitolo VI del *Libro dei Morti* e il titolo del defunto.

Formula: **P=I=Sm=D=T=O=a.a.m.=C> Sch.1977: ver VC1-2**

Testo:	*Il Sehedj, l'Osiride, generale, il divino S3-3st, egli dice: O questi ushabti, se si computa, se si convoca, se si numera per fare tutti i lavori da farsi nella terra del dio: coltivare i campi, irrigare le sponde, trasportare la sabbia dell'Oriente all'Occidente. Ecco, (ti) sarà affidata l'incombenza laggiù, (come) giornalmente un uomo compie i suoi doveri, "eccomi" dirai.*
Commento al titolo:	Il titolo "Generale" risale fin dall'Antico Regno ed è attestato fino alla fine dell'Epoca Tolemaica[1]. Nel Nuovo Regno si assiste tuttavia ad una sua rarefazione probabilmente dovuta alla riorganizzazione dell'esercito avvenuta agli inizi della XVIII Dinastia e poi nuovamente agli esordi della XIX: in tale contesto, i *mr mš'* sono un élite ristretta nelle cui mani il sovrano affida la guida dell'esercito. Trattandosi di un titolo posto immediatamente ad di sotto di quello del *mr mš' wr* "Generalissimo" riservato al visir o a dignitari e personaggi di sangue reale, anche il *mr mš'* sembra in alcuni casi riservato a personaggi d'alto lignaggio a corte spesso anche non impegnati direttamente in questioni militari. Negli altri casi il *mr mš'* rappresenta il coronamento della carriera del soldato. Quest'ultima situazione ben si adatta al nostro personaggio, probabilmente un militare, data l'assenza del titolo di "scriba reale". Sulla presenza del segno dopo il titolo *mr mš'* Pellegrini ritiene che si tratti di un *comandante della fanteria sacra* o che il segno venga utilizzato per enfatizzare l'importanza del personaggio; questa seconda ipotesi appare più preferibile in quanto il titolo non rientra fra quelli finora attestati; altra possibilità è che si tratti di un grado "non funzionale" come "Generale del dominio di Amon-Ra re degli dèi"[3] o "Generale del Tempio di Amon"[4].
Riferimenti:	PN I.280.8 Nel Nuovo Regno è attestato un solo omonimo che reca altri due titoli dei quali solo uno può essere relativo al mondo militare[5]:

1. Chevereau 1994 p.24 n.2.32 – XIX Dinastia :

- [hieroglyphs] "Generalissimo"[6]

- [hieroglyphs] "Comandante della guardia"[7]

- [hieroglyphs] e [hieroglyphs] "Comandante della guardia del faraone"[8]

- [hieroglyphs] "Conduttore di carro del faraone"[9]

Bibliografia: Pellegrini 1900, p.31-32 n.189;

Guidotti-Pecchioli Daddi 2002, p.64 n.14.

Note:

1. Wb.II, p.155, 16; LÄ II,524; Helck 1939, p.27; Faulkner 1953, pp.33 e 37; AEO 21* (76); Schulman 1964, pp.41-44, §94-98; Yoyotte-Lopez 1969, p.9; Chevereau 1994, n.2.19.

2. Chevereau 1994, n.2.80.

3. Chevereau 1994, n.2.81.

4. Altro omonimo di cui abbiamo notizia (Chevereau 1994, n.1.19) è un *mr mš' wr* "generalissimo" ma non sembra aver ricoperto il grado immediatamente inferiore di *mr mš'* .

5. Wb.II, p.155, 17; LÄ II, 524, III, 131; Faulkner 1953, pp.37 e 43; AEO 21* (76); Helck 1939, p.30; Schulman 1964, p.44 §99, 100; Yoyotte-Lopez 1969, p.9; Chevereau 1994, n.1.20.

6. Wb.IV, p.468, 12; Faulkner 1953, p.44; Yoyotte-Lopez 1969, p.10; Chevereau 1994, n.13.02.

7. Chevereau 1994, n.13.04.

8. Chevereau 1994, n.13.05.

9. Wb.V, p.148, 12-7; LÄ IV, 132 – III, 629; AEO 28* (96); Faulkner 1953, p.43; Schulman 1964, p.67-68, §171-3; Yoyotte-Lopez 1969, p.11. Chevereau 1994, p.173 n.23.

TM 4   **Ushabti di** *Ns-pȝ-ḳ-Rᶜ*

Inventario	8568
Materiale:	Faience azzurra
Dimensioni:	**h** 11.6 – **l** 4 – **s** 2 cm
Provenienza:	n.n.
Acquisizione:	n.n.
Conservazione:	Integro (discreta asportazione superficiale dello smalto ai piedi, colore consunto in alcune parti della statuetta)
Note tecniche:	esecuzione a stampo, particolari ed iscrizione dipinti in nero
Datazione:	Terzo Periodo Intermedio

Descrizione:

Cl.VIIIC1; **W**24; **H**8; **I**5; cfr. **B**13b; **Tp.**7b

L'ushabti presenta parrucca e trecce lisce che lasciano coperte le orecchie, nastro intorno alla testa dipinto in nero; braccia intrecciate sul petto, destra sopra la sinistra; in ambedue le mani una zappa dipinta in nero; sul dorso sacco dipinto in nero.

Formula: **P**

Testo: *Il Sehedj, l'Osiride generale di Amon-ra Ns-pȝ-ḳ-Rᶜ figlio di bw (?)*

Commento al titolo:	Il titolo [glyph] "Generale" risale all'Antico Regno ed è attestato fino alla fine dell'Epoca Tolemaica[1]. Nel Nuovo Regno si assiste tuttavia ad una sua rarefazione probabilmente dovuta alla riorganizzazione dell'esercito avvenuta agli inizi della XVIII Dinastia e poi nuovamente agli esordi della XIX: in tale contesto, i *mr mš'* sono un élite ristretta nelle cui mani il sovrano affida la guida dell'esercito. Trattandosi di un titolo posto immediatamente ad di sotto di quello del [glyph] *mr mš' wr* "Generalissimo" riservato al visir o a dignitari e personaggi di sangue reale, anche il *mr mš'* sembra in alcuni casi riservato a personaggi d'alto lignaggio a corte spesso anche non impegnati direttamente in questioni militari. Negli altri casi il *mr mš'* rappresenta il coronamento della carriera del soldato. Il titolo del nostro personaggio potrebbe essere letto sia in senso onorifico che in senso militare quale "Comandante" di una divisione o raggruppamento chiamato "Amon-Ra".
Riferimenti:	Nessuno
Bibliografia:	Inedito
Note:	1. Wb.II, p.155, 16; LÄ II,524; Helck 1939, p.27; Faulkner 1953, p.33 e p.37; AEO 21* (76); Schulman 1964, pp.41-44, §94-98; Yoyotte-Lopez 1969, p.9; Chevereau 1994, p.22 n.2:19; Chevereau 1985, p.260.

TM 5   Ushabti di *Wpw3t-ms*

Inventario	6583
Materiale:	Terracotta dipinta
Dimensioni:	**h** 16.7 – **l** 2.7 – **s** 2.6 cm
Provenienza:	n.n.
Acquisizione:	Schiaparelli 1884-1885
Conservazione:	Integro (consunto con frattura ai piedi)
Note tecniche:	dipinto, sfondo bianco, particolari del corpo e geroglifici in nero e rosso
Datazione:	Età Tarda (XXVI dinastia)

Descrizione: cfr. **Cl.**VB4; **W**4; **H**22; **I**5; **Tp.**7a

L'ushabti si presenta con parrucca tripartita liscia di color nero che copre le orecchie; volto con particolari dipinti: palpebre e sopracciglia in nero; mani contrapposte definite in rosso; zappe dipinte sulle braccia in rosso; gambe non distinte e piedi non definiti; geroglifici dipinti in rosso in un'unica colonna frontale)

Formula: P

Testo: *L'Osiride Comandante della Cavalleria, Wpw3t-ms*[1]

Commento al titolo: Il titolo ⟨glyph⟩ "Comandante di cavalleria"[2] è attestato a partire dal Nuovo Regno, epoca, questa, in cui il carro da battaglia si impone quale innovativo strumento bellico; nei quadri dell'organizzazione e nella scala gerarchica militare egizia questo titolo sembra immediatamente al di sotto (o equivalente se onorifico) del ⟨glyph⟩ "Generale"; in funzione puramente onorifica, il grado è riservato a principi e nobili figuranti accanto al sovrano quali "conduttori del carro reale", mentre in funzione prettamente militare, l'analisi prosopografica induce a credere che al grado di *mr ssmt* potesse aspirare qualunque ⟨glyph⟩ "Comandante" (ufficiale) e ⟨glyph⟩ "Comandanti di Reggimento"[3] o di aver prestato servizio quale "conduttore di carro" (⟨glyph⟩ *ktn* var. ⟨glyph⟩ *kdn*)[4].

I ⟨glyph⟩ sono attestati anche in Epoca Tarda (a partire dal VIII sec.a.C.) ma con diversa funzione data la graduale scomparsa del carro quale arma tattica a favore del cavallo montato; questo titolo, nell'epoca di nostro interesse, è equiparato per importanza e funzione al "Generale"[5].

Riferimenti: PN I.77.33

Attualmente è attestato un omonimo coevo in possesso di diverso titolo militare:

1. Chevereau 1994, p.35 n.3.08. Nuovo Regno:
– ⟨glyph⟩ "Soprintendente dell'esercito" [6]

Bibliografia: Pellegrini 1900, p.11 n.46.

Note:

1. La lettura [hieroglyphs] da parte di Pellegrini (1990, p.11) appare la più probabile anche se non si esclude che il segno [hieroglyph] possa invece corrispondere al [hieroglyph] o [hieroglyph] o anche [hieroglyph]

2. Chevereau 1994, p.45 n.7; Wb.IV, 277, 6; LÄ IV, 131, 1009 e V, 223; Helck 1954, p.59; AEO 27* (94); Faulkner 1953, p.43; Schulman 1964, pp.46-47, §107; Yoyotte-Lopez 1969, pp.6-7.

3. Wb.I, 571,1; LÄ IV,132; Helck 1939, pp.37-40; Faulkner 1953, p.45; AEO 113* (234); Schulman 1964, pp.53-56, §126-34; Yoyotte-Lopez 1969, pp.4-5; Chevereu 1994, p.64 n.11

4. Chevereau 1994, p.173 n.23; Wb.V, 148, 12-7; LÄ IV, 132 – III, 629; Helck 1954, p.65; AEO 28* (96); Faulkner 1953, p.43; Schulman 1964, pp.67-68, §171-3; Yoyotte-Lopez 1969, p.11.

5. Chevereau 1985, pp.264-65

6. Wb.I, 154, 9; LÄ IV, 131; Helck 1939, pp.54-57 e 60; Faulkner 1953, pp.42-43; AEO 25* (89), 28* (95); Schulman 1964, p.34 §73 e pp.41-44, §94-8; Yoyotte-Lopez 1969, p.7; Chevereau 1994, p.34 n.3.

TM 6　　　　　　　　　**Ushabti di *Psmṯk***

Inventario	1884
Materiale:	Faience verde
Dimensioni:	**h** 16 – **l** 3.4 – **s** 1.9 cm
Provenienza:	n.n.
Acquisizione:	n.n.
Conservazione:	Integro
Note tecniche:	Esecuzione a stampo, matrice "stanca" e geroglifici eseguiti in incavo
Datazione:	Epoca Tarda (XXVI Dinastia)

Descrizione: **Cl.**X1A1; **W**35B; **H**9; **I**8b; **B**4b; **Tp.**13b.

L'ushabti presenta parrucca liscia che lascia scoperte le orecchie, senza nastri; braccia intrecciate sul petto, il sinistro sopra il destro; nella destra zappa e fune attorta, nella sinistra piccone; sulla spalla sinistra, a fianco della parrucca, sacco; pilastrino dorsale non separato dalla parrucca.

Formula: P

Testo: *Il Sehedj, l'Osiride conduttore di carro Psmṯk figlio di Ts-ns-prt*

22

Commento al titolo:

Il titolo  "Conduttore di Carro" fa la sua apparizione in epoca amarniana ed è attestato fino alla fine del III periodo intermedio[1]. Nel Nuovo Regno il conduttore di carro è un titolo riservato a personaggi d'alto lignaggio a corte, mentre nelle epoche successive è spesso sostituito dal 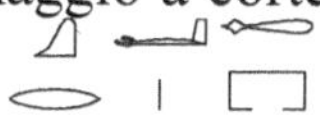 "Scudiero, Assistente carrista"[2]. Durante la XXVI dinastia questo titolo diviene puramente onorifico data la contestuale sparizione del  "Capo dei conduttori di carro"[3] e la permanenza del  "Comandante della cavalleria"[4] nei ranghi militari che fa ipotizzare una riorganizzazione delle unità mobili a seguito dell'introduzione del cavallo montato quale arma tattica[5].

Riferimenti:

PN I.136.8

Sono noti quattordici omonimi; fra questi solo uno reca il titolo di "Conduttori di carro" e di "Conduttore di carro dei principi di Sua Maestà" mentre gli altri sono in possesso di svariati titoli di natura militare:

1. Chevereau 1985, pp.144-145 n.214-215 - XXVI dinastia:

 "Conduttore di carro"

 "Conduttore di carro dei principi di S.M."

2. Chevereau 1985, p.103 n.131; p.114 n.154; p.115 n.155-156; p.122 n.173-174; p.170 n.251; p.177 n.272 - XXVI dinastia:

 "Generale"[6]

3. Chevereau 1985, pp.174-77 n.273 – XXX dinastia:

 "Generale"

 "Comandante dei confini meridionali"[7]

4. Chevereau 1985, p.130 n.188 – XXVI dinastia:

 "Comandante di cavalleria"

 "Comandante dei paesi meridionali"[8]

5. Chevereau 1985, p.135 n.196 – XXVI dinastia:

[hieroglyphs] "Generale"[9]

6. Chevereau 1985, p.174 n.260 – XXX dinastia:

[hieroglyphs] "Comandante delle truppe di Buto"[10]

Bibliografia:	Pellegrini 1900, pp.48-49 n.276;
	Chevereau 1985, p.145 n.216

Note:

1. Wb.V, p.148, 12-17; LÄ IV, 132 – III, 629; Faulkner 1953, p.43; AEO 28* (96); Schulman 1964, pp.67-68, §171-73; Yoyotte-Lopez 1969, p.11; Chevereau 1994 p.173 n.23; Chevereau 1985, p.270 G.

2. Wb.V, p.59, 12, 14; LÄ IV, 132 – III, 629; Schulman 1964, pp.67-68, §171-72; Yoyotte-Lopez 1969,p.11; Chevereau 1994 p.187 n.24; Chevereau 1985, p.270 G.

3. Chevereau 1985, pp.270-71 n.19, 37, 39, 36 e 45.

4. Wb.IV, p.277, 6; LÄ IV, 131, 1009 e V, 223; Helck 1939, p.59; AEO 27* (94); Faulkner 1953, p.43; Schulman 1964, p.46-47, §107; Yoyotte-Lopez 1969, pp.6-7; Chevereau 1994, p.45; Chevereau 1985, pp.264-65.

5. Chevereau 1985, pp.265 e 270 nota f.

6. Wb.II, p.155, 16; LÄ II,524; Helck 1939, p.27; Faulkner 1953, pp.33 e 37; AEO 21* (76); Schulman 1964, pp.41-44, §94-98; Yoyotte-Lopez 1969, p.9; Chevereau 1994, p.22, n.2:19.

7. Chevereau ipotizza giustamente si tratti di una "réactualisation" del termine [hieroglyphs] in epoca saitica: Chevereau 1985, p.268 nota b e p.269 note a e b; sul termine nel Nuovo Regno: Wb.III, p.352, 11; LÄ IV, 132; Faulkner 1953, p.46; AEO 33* (105); Schulman 1964, p.45-46, §102-6; Yoyotte-Lopez 1969, p.10; Chevereau 1994, p.58 n.9.

8. Chevereau 1985, p.303; vedi il [hieroglyphs] in Chevereau 1994, p.74 n.11.70.

9. Wb.I, p.328, 14; Chevereau 1985, p.229 nota a) lo intende equivalente al "capo" sulla traduzione del Wb anche se non vi sono altre attestazioni per ipotizzare eventuali equivalenze gerarchiche con i [hieroglyphs] gli [hieroglyphs] e i [hieroglyphs]

10. Wb.III, p.29.7, 15; Schulman 1964, p.49, §388; Yoyotte-Lopez 1969, p.10 n.388a; Chevereau 1985, pp.266-67.

TM 7   Ushabti di *ʿnḫ-Wȝḥ-ib-Rʿ*

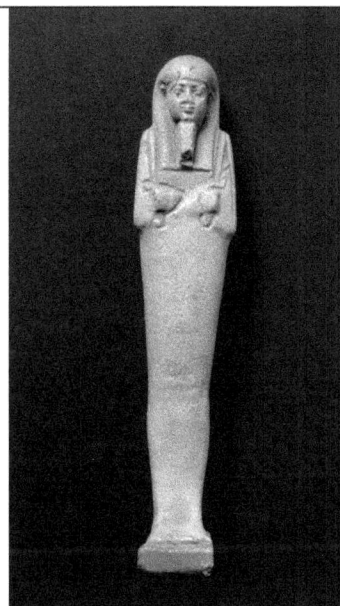

Inventario	1847
Materiale:	Faience verde chiaro
Dimensioni:	13.7 – l 3.1 – s 1.8 cm
Provenienza:	n.n.
Acquisizione:	Collezione Ricci 1832
Conservazione:	Integro (lieve asportazione superficiale dello smalto sulla fronte, parte inferiore della barba intrecciata mancante, base lievemente danneggiata in più punti, colore consunto in alcune parti della statuetta)
Note tecniche:	Esecuzione a stampo
Datazione:	Epoca Tolemaica

Descrizione:

cfr.**Cl.**XIA1; **W**35b; **H**9; **I**8b; **B**4b; **Tp.**13b

L'ushabti presenta parrucca liscia che lascia scoperte le orecchie, senza nastri; braccia intrecciate sul petto, il sinistro sopra il destro; nella destra zappa e fune attorta, nella sinistra piccone; sulla spalla sinistra, a fianco della parrucca, sacco; pilastrino dorsale non separato dalla parrucca.

Formula:

P

Testo:

Il Sehedj, l'Osiride generale, ʿnḫ-wʿḥ-ib-Rʿ figlio di Gmn-ȝstt

Commento al titolo:	Il titolo ⌇ "Generale" (qui nella variante grafica: ⌇)[1] risale all'Antico Regno ed è attestato fino all'epoca tolemaica[2]. Nell'epoca di nostro interesse, i *mr mš'* ricoprono anche importanti cariche religiose ed è riservato a personaggi d'alto lignaggio a corte non impegnati direttamente in questioni belliche, ragion per cui si è spesso messa in dubbio la funzione militare di questo titolo[3].
Riferimenti:	PN I.63.5 Non sono attestati omonimi in possesso di titoli militari.
Bibliografia:	Pellegrini 1900, p.44 n.256; Chevereau 1985, p.175 n.264.
Note:	1. Chevereau 1985, p.261. 2. Wb.II, p.155, 16; LÄ II,524; Helck 1939, p.27; Faulkner 1953, pp.33 e 37; AEO 21* (76); Schulman 1964, pp.41-44, §94-98; Yoyotte-Lopez 1969, p.9; Chevereau 1994, n.2.19. 3. Chevereau 1985, p.260.

TM 8	Ushabti di *Wȝḥ-[ib]-Rᶜ-m-ḫt*	

Inventario	14255
Materiale:	Faience verde
Dimensioni:	**h** 9.4 – **l** 2.3 – **s** 1.6 cm
Provenienza:	n.n.
Acquisizione:	Collezione Strozzi-Sacrati 1992
Conservazione:	Integro (superficie fortemente consunta)
Note tecniche:	esecuzione a stampo, matrice "stanca" e geroglifici eseguiti in incavo
Datazione:	Epoca Tolemaica
Descrizione:	**Cl.**XIC; **W**35b; **H**30; cfr. **I.**6; **Tp.**8d L'ushabti presenta parrucca, trecce che lascia scoperte le orecchie, barba lisce; parrucca indistinta dal pilastrino centrale; mani contrapposte sul petto; nella destra zappa e nella sinistra piccone; base trapezoidale.
Formula:	P

Testo:	*L'Osiride generale, Wȝḥ-[ib]-Rᶜ-m-ḫt figlio di Hrr-ib* (?)

Commento al titolo:	Il titolo ⟨glyph⟩ "Generale" risale all'Antico Regno ed è attestato fino all'Epoca Tolemaica[1]. Nell'epoca di nostro interesse, i *mr mš'* ricoprono anche importanti cariche religiose ed è riservato a personaggi d'alto lignaggio a corte non impegnati direttamente in questioni belliche, ragion per cui si è spesso messa in dubbio la funzione militare di questo titolo[3].
Riferimenti:	PN I 73, 3 Non sono attestati omonimi in possesso di titoli militari
Bibliografia:	Del Francia - Guidotti 1992, p.32 n.16
Note:	1. Chevereau 1985, p.261 2. Wb.II, p.155, 16; LÄ II,524; Helck 1939, p.27; Faulkner 1953, pp.33 e 37; AEO 21* (76); Schulman 1964, pp.41-44, §94-98; Yoyotte-Lopez 1969, p.9; Chevereau 1994, n.2.19 3. Chevereau 1985, p.260.

TM 9	Ushabti di *W3ḥ-ib-Rᶜ-m-ḫt*	

Inventario	14256
Materiale:	Faience verde
Dimensioni:	**h** 9.4 – **l** 2.3 – **s** 1.6 cm
Provenienza:	n.n.
Acquisizione:	Collezione Strozzi-Sacrati 1992
Conservazione:	Integro (superficie fortemente consunta)
Note tecniche:	esecuzione a stampo, matrice "stanca" e geroglifici eseguiti in incavo
Datazione:	Epoca Tolemaica
Descrizione:	**Cl.**XIC; **W**35b; **H**30; cfr. **I.**6; **Tp.**8d

L'ushabti presenta parrucca, trecce che lascia scoperte le orecchie, barba lisce; parrucca indistinta dal pilastrino centrale; mani contrapposte sul petto; nella destra zappa e nella sinistra piccone; base trapezoidale.

Formula:	P

Testo:	*L'Osiride generale, W3ḥ-[ib]-Rᶜ-m-ḫt figlio di Ḥrr-ib (?)*

Commento al titolo:	Il titolo ⌂ "Generale" risale all'Antico Regno ed è attestato fino all'Epoca Tolemaica[1]. Nell'epoca di nostro interesse, i *mr mš'* ricoprono anche importanti cariche religiose ed è riservato a personaggi d'alto lignaggio a corte non impegnati direttamente in questioni belliche, ragion per cui si è spesso messa in dubbio la funzione militare di questo titolo[3].
Riferimenti:	PN I 73, 3 Non sono attestati omonimi in possesso di titoli militari
Bibliografia:	Del Francia - Guidotti 1992, p.32 n.15
Note:	1. Chevereau 1985, p.261. 2. Wb.II, p.155, 16; LÄ II,524; Helck 1939, p.27; Faulkner 1953, pp.33 e 37; AEO 21* (76); Schulman 1964, pp.41-44, §94-98; Yoyotte-Lopez 1969, p.9; Chevereau 1994, n.2.19. 3. Chevereau 1985, p.260.

Ushabti dal titolo incerto o illegibile

Ushabti di *T3-ḫ3ty* (?)

Inventario	2128
Materiale:	legno
Dimensioni:	**h** 21.5 – **l** 5.7 – **s** 3.2 cm
Provenienza:	n.n.
Acquisizione:	Collezione Ricci 1832
Conservazione:	Integro (con profonda fenditura nella parte posteriore che corre dalla testa fino al fondoschiena, colore consunto prevalentemente nella parte superiore del busto)
Note tecniche:	Intaglio, lieve stuccatura e iscrizioni dipinte in nero con linee in rosso.
Datazione:	Nuovo Regno (XVIII dinastia)

Descrizione: cfr.**Cl.**V**B3**; **W17**; **H26**; **I5**; **Tp.**1b

L'ushabti presenta parrucca tripartita liscia che lascia scoperte le orecchie con nastri appena visibili, volto modellato; mani contrapposte, dita definite con intaglio, sul braccio sinistro e destro tracce di zappe dipinte di color rosso appena visibili; gambe non distinte; piedi non definiti; geroglifici dipinti in nero in sette linee orizzontali con partiture in rosso.

Formula: **P** (linee orizzontali di testo omesse)

Testo: *Il Sehedj, l'Osiride Generale dei paesi stranieri (?), T3-ḫ3ty (?) <giustificato>*

Bibliografia: Inedito

PARTE SECONDA

TITOLI AFFERENTI
AL MONDO MILITARE

TC 1	Ushabti di *Ḳny-Rᶜ*	

Inventario	2096
Materiale:	legno
Dimensioni:	**h** 30 – **l** 7.5 – **s** 3.5 cm
Provenienza:	n.n.
Acquisizione:	Collezione Ricci 1832
Conservazione:	Integro
Note tecniche:	Intaglio
Datazione:	Nuovo Regno (XVIII dinastia)

Descrizione:

Cl.VC1; **W**17; **H**0; **Tp.**1b

L'ushabti presenta ampia parrucca tripartita liscia che lascia scoperte le orecchie, volto modellato; corpo mummiforme privo di definizione delle braccia e mani; gambe non distinte; piedi non definiti; geroglifici incisi in sette linee orizzontali e una verticale breve.

Formula:

P=I=Sm=D=T=O=a.a.m.=C>Sch.1977: ver VC1

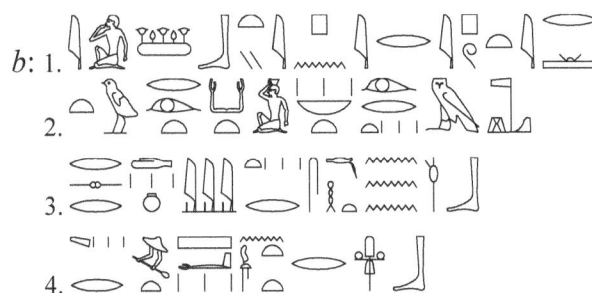

a:

b: 1.

2.

3.

4.

5.

6.

7.

8. parte frontale dei piedi:

Testo:

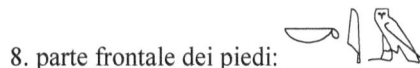

a. *Il Sehedj (l'Osiride), Capo degli addetti alla tesoreria della guardia, Ḳny-Rᶜ (giustificato)*

b. *Egli dice: O questi ushabti, se si computa, se si numera per fare tutti i lavori che sono da farsi nella terra del dio: coltivare i campi, irrigare le sponde, trasportare la sabbia dell'Occidente all'Oriente. Ecco, (vi) sarà affidata l'incombenza laggiù, come un uomo che compie i suoi doveri: "eccomi" dirai laggiù.*

Commento al titolo:

Si tratta di titolo di natura civile asservito alla "Guardia"[1], corpo, questo, cui è affidato il compito di proteggere il sovrano attestato dal Medio Regno fino alla fine dell'età ramesside; in Epoca Tarda questo incarico, pur mantenendo talvolta la propria vocazione militare, è da considerarsi puramente onorifico. Il titolare è probabilmente un civile che sovrintende la tesoreria della guardia e il cui grado è equiparato al "Capo degli Ufficiali d'intendenza"[2] o al "Capo degli scribi dell'esercito"[3].

Riferimenti:

PN.I, 220, 5

Nel Nuovo Regno sono attestati alcuni omonimi ma nessuno in possesso del titolo in questione né di altri titoli militari[4]; nella XXVI dinastia è attestato un "Comandante della guardia" di nome  (PN.I.251.17) che reca vari titoli civili, fra i quali quello di  "Direttore di tutti i lavori"[5].

Bibliografia:

Pellegrini 1900, p.25 n.145

Note:

1. Wb.IV, p.468, 12; Faulkner 1953, p.44; Yoyotte-Lopez 1969, p.10; Chevereau 1994, p.92 n.13.
2. Wb.I, p.288, 9-14; Faulkner 1953, p.42; Schulman 1964, p.37, §84-86; Chevereau 1994, p.228 n.35.
3. Wb.III, p.479, 15; LÄ IV, 131; Helck 1909:14-ss; Faulkner 1953:45-6; AEO 25*; Schulman 1964:62-66, §157-69; Chevereau 1994, p.201 n.29.
4. A parte il titolo di  *Luogotenente della guardia,* attestato unicamente nel graffito dello Wadi Hammamat: Chevereau 1994, p.97 n.13.35.
5. Chevereau 1994, p.132 n.191.

TC 2	**Ushabti di** *3ny*	

Inventario	4684	
Materiale:	Faience policroma	
Dimensioni:	**h** 14.5 – **l** 3.8 – **s** 1.9 cm	
Provenienza:	n.n.	
Acquisizione:	Collezione Ricci 1832 (probabile)	
Conservazione:	Integro	
Note tecniche:	Dipinto: corpo bianco, parrucca celeste, viso e mani rosse, geroglifici in nero	
Datazione:	Nuovo Regno (XVIII dinastia)	

Descrizione: cfr.**Cl.**VB3; **W**17; **H**8; **I**5; **B**5; **Tp.**1b

L'ushabti presenta parrucca tripartita liscia che lascia scoperte le orecchie, volto modellato; mani contrapposte, dita definite, sul braccio sinistro e destro presenti zappe dipinte di color nero; gambe non distinte; piedi non definiti; geroglifici dipinti in nero in quattro linee orizzontali con partiture; sul dorso sacco dipinto in nero.

Formula: **P=I=Sm=D=C cfr.Sch.1977: ver.IIIA**

1.
2.
3.
4.

Testo:	*Il Sehedj, l'Osiride, Aiutante Ȝni (veridico)*
	Egli dice: "O questi ushabti, se è censito, se è numerato l'Osiride Ȝny giustificato per fare tutti i lavori da farsi nella terra del dio, eccomi dirai".
Commento al titolo:	Il titolo ⟨segno⟩ "Aiutante" è attestato dagli esordi del Nuovo Regno alla fine del III Periodo Intermedio[1]. Nell'epoca di nostro interesse, l'Aiutante è un ufficiale superiore (proveniente dalla carriera civile o militare) che affianca il ⟨segno⟩ "Generale" quale membro dello stato maggiore; in altri casi, questo incarico è riservato a personaggi d'alto lignaggio a corte o di sangue reale alle dirette dipendenze del sovrano[2], come parrebbe anche confermato dalla presenza del segno ⟨segno⟩ nel titolo.
Riferimenti:	PN I, 11, 2
	Non risultano attestati omonimi in possesso di titoli militari.
Bibliografia:	Pellegrini 1900, p.11 n.45
Note:	1. Wb.I, p.154, 9; LÄ IV, 131; Helck 1939, pp.54-57 e 60; Faulkner 1953, pp.42-43; AEO 25* (89), 28* (95); Schulman 1964, pp.34 §73 e pp.41-44, §94-8; Yoyotte-Lopez 1969, p.7; Chevereau 1994, p.34 n.3; Chevereau 1985, p.283.
	2. *Iwya* padre della regina *Tiy* reca fra i suoi titoli quello di ⟨segni⟩ "Aiutante del sovrano nel corpo dei carristi": Chevereau 1994, p.41 n.4.13.

TC 3	Ushabti di *Ḥr-iw*	

Inventario	1814
Materiale:	Pietra
Dimensioni:	**h** 16.2 – **l** 6.1 – **s** 3.5 cm
Provenienza:	Necropoli di Tebe (probabile)
Acquisizione:	Collezione Nizzoli 1824
Conservazione:	Integro (piedi in parte asportati e consunto)
Note tecniche:	Scultura, incisione in alcune parti non accurata
Datazione:	Nuovo Regno (XIX Dinastia)

Descrizione:

Cl.V1B2; cfr.W14; H1; A1; Tp.8a

L'ushabti si presenta con barba lievemente pronunciata, parrucca striata con riccioli resi in rilievo e le braccia incrociate sul petto, che recano il pilastro *djed* e l'amuleto *tyt* incisi solo superficialmente. Il corpo è abbigliato con una camicia con maniche plissettate e una lunga gonna liscia con grembiule trapezoidale centrale. Sul grembiule è presente un'iscrizione verticale superficiale appena visibile che riporta il nome e il titolo del defunto.

Formula:

P

Testo:

L'Osiride, l'Aiutante preposto agli ufficiali d'intendenza Ḥr-Ȝbt

Commento al titolo:	Il titolo ⟨⟨hieroglyphs⟩⟩ "Aiutante preposto agli ufficiali d'intendenza" non risulta attestato fra quelli militari e civili (vedi anche Riferimenti) ed è costituito dai due gradi di ⟨⟨hieroglyphs⟩⟩ "Aiutante" e di ⟨⟨hieroglyphs⟩⟩ "Ufficiale d'intendenza", stante ad indicare il responsabile degli ufficiali di intendenza presso il visir o il sovrano. Il primo titolo è attestato dagli esordi del Nuovo Regno alla fine del III Periodo Intermedio[1]. Nell'epoca di nostro interesse, l'Aiutante è un ufficiale superiore (proveniente dalla carriera civile o militare) che affianca il ⟨⟨hieroglyphs⟩⟩ "Generale" quale membro dello Stato Maggiore; in altri casi, questo incarico è riservato a personaggi d'alto lignaggio a corte o di sangue reale alle dirette dipendenze del sovrano[2].

Il secondo titolo ⟨⟨hieroglyphs⟩⟩ "Ufficiale d'intendenza"[3] in ambito militare è attestato dal Medio Regno alla fine della XX dinastia; è un incarico di natura prevalentemente amministrativa che nel Nuovo Regno, indica un personaggio in grado di affiancare il visir nelle sue funzioni di "Ministro della Guerra" o di guidare importanti spedizioni per il faraone, come quella di Ramesse IV allo Wadi Hammamat[4]. Data la sua valenza amministrativa, il titolo di ⟨⟨hieroglyphs⟩⟩ "Ufficiale di intendenza dell'esercito" è di norma riservato a funzionari civili[5], anche se, in alcuni casi, abbiamo a che fare con personaggi che hanno ricoperto incarichi militari, come, ad esempio, quello di ⟨⟨hieroglyphs⟩⟩ "Portastendardo" preposto al comando di una compagnia di 200-250 uomini[6].

Il fatto che il defunto rechi solo il titolo ⟨⟨hieroglyphs⟩⟩ senza alcun riferimento all'esercito, non ne esclude tuttavia un impiego in tale ambito, dato che, a conti fatti, si tratta in entrambe i casi di un incarico di tipo amministrativo[7].

Riferimenti:	La lettura del nome risulta ardua data la pessima qualità dell'incisione,

tuttavia una prima analisi dei segni lascia ipotizzare si tratti del geroglifico 𓅓 seguito dal segno 𓂝 (o verosimilmente 𓎡 o 𓈖 stilizzati) soprastante il determinativo 𓀀 (o più probabile 𓀁). Meno probabile appare la lettura 𓊃𓂝𓂋𓅓𓀀 quale nome del possessore.

Il nome *Ḥr-ii/w* è attestato in PN I, 245, 21.

Bibliografia: Inedito

Note:

1. Wb.I, p.154, 9; LÄ IV, 131; Helck 1939, pp.54-57 e 60; Faulkner 1953, pp.42-43; AEO 25* (89), 28* (95); Schulman 1964, pp.34 §73 e pp.41-44, §94-8; Yoyotte-Lopez 1969, p.7; Chevereau 1994, p.34 n.3; Chevereau 1985, p.283.

2. *Iwya* padre della regina *Tiy* reca fra i suoi titoli quello di 𓂝𓀀𓈖𓊨𓏏𓀀 "Aiutante del sovrano nel corpo dei carristi": Chevereau 1994, p.41 n.4.13.

3. Wb.I, p.288, 9-14; Faulkner 1953, p.42; Schulman 1964, p.37, §84-86; Chevereau 1994, p.228 n.35.

4. Faulkner 1953, p.42 note 1 e 7.

5. Chevereau 1994, p.223 n.35.05.

6. Chevereau 1994, p.229 n.35.01, 35.02, 35.03, 35.04, 35.06.

7. Faulkner 1953, pp.41-42.

TC 4 | Ushabti di *Dwȝ-Rˁ*

Inventario	1889
Materiale:	Faience celeste
Dimensioni:	**h** 14 – **l** 4 – **s** 2 cm
Provenienza:	n.n.
Acquisizione:	Collezione Ricci 1832
Conservazione:	Integro
Note tecniche:	Esecuzione a stampo, particolari del corpo e geroglifici in nero
Datazione:	Terzo Periodo Intermedio

Descrizione: **Cl.**VB4; **W8**; **H29**; **I5**; **B5b**; **Tp.**7a

L'ushabti presenta parrucca tripartita striata con nastri di color nero che copre le orecchie; volto con particolari dipinti: palpebre, sopracciglia e bocca in nero; collana *usekh* appena evidenziata in nero; mani contrapposte definite in nero; zappe dipinte sulle braccia in nero; gambe non distinte e piedi non definiti; geroglifici dipinti in nero in un'unica colonna frontale.

Formula: **P**

Testo: *L'Osiride, l'ufficiale d'intendenza Dwȝ-Rˁ giustificato*

Commento al titolo:

Il titolo ⟨geroglifico⟩ "Ufficiale d'intendenza"[1] in ambito militare è attestato dal Medio Regno alla fine della XX dinastia; è un incarico di natura prevalentemente amministrativa che nel Nuovo Regno, indica un personaggio in grado di affiancare il visir nelle sue funzioni di "Ministro della Guerra" o di guidare importanti spedizioni per il faraone, come quella di Ramesse IV allo Wadi Hammamat[2]. Data la sua valenza amministrativa, il titolo di ⟨geroglifico⟩ "Ufficiale di intendenza dell'esercito" è di norma riservato a funzionari civili[3], anche se, in alcuni casi, abbiamo a che fare con personaggi che hanno ricoperto incarichi militari, come, ad esempio, quello di ⟨geroglifico⟩ "Portastendardo" preposto al comando di una compagnia di 200-250 uomini[4].

Il fatto che il defunto rechi solo il titolo ⟨geroglifico⟩ senza alcun riferimento all'esercito, non ne esclude tuttavia un impiego in tale ambito, dato che, a conti fatti, si tratta in entrambe i casi di un incarico di tipo amministrativo[5].

Riferimenti:

PN I, 19, 398
Non risultano attestati personaggi omonimi.

Bibliografia:

Pellegrini 1900, p.30 n.178

Note:

1. Wb.I, p.288, 9-14; Faulkner 1953, p.42; Schulman 1964, p.37, §84-86; Chevereau 1994, p.228 n.35.
2. Faulkner 1953, p.42 note 1 e 7.
3. Chevereau 1994, p.223 n.35.05.
4. Chevereau 1994, p.229 n.35.01, 35.02, 35.03, 35.04, 35.06.
5. Faulkner 1953, pp.41-42.

TC 5	Ushabti di *Dw3-Rᶜ*	

Inventario	4699
Materiale:	Faience celeste
Dimensioni:	**h** 12.5 – **l** 4 – **s** 1.8 cm
Provenienza:	n.n.
Acquisizione:	Collezione Ricci 1832
Conservazione:	Piedi completamente asportati e smalto consunto
Note tecniche:	Esecuzione a stampo, particolari del corpo e geroglifici in nero
Datazione:	Terzo Periodo Intermedio

Descrizione: **Cl.**VB4; **W8**; **H29**; **I5**; **B5b**; **Tp.**7a

L'ushabti presenta parrucca tripartita striata con nastri di color nero che copre le orecchie; volto con particolari dipinti: palpebre, sopracciglia e bocca in nero; collana *usekh* appena evidenziata in nero; mani contrapposte definite in nero; zappe dipinte sulle braccia in nero; gambe non distinte e piedi non definiti; geroglifici dipinti in nero in un'unica colonna frontale.

Formula: P

L'Osiride, l'ufficiale d'intendenza *Dw3-Rᶜ* giustificato

Testo: *L'Osiride, l'ufficiale d'intendenza Dw3-Rᶜ giustificato*

Commento al titolo:	Il titolo [glyph] "Ufficiale d'intendenza"[1] in ambito militare è attestato dal Medio Regno alla fine della XX dinastia; è un incarico di natura prevalentemente amministrativa che nel Nuovo Regno, indica un personaggio in grado di affiancare il visir nelle sue funzioni di "Ministro della Guerra" o di guidare importanti spedizioni per il faraone, come quella di Ramesse IV allo Wadi Hammamat[2]. Data la sua valenza amministrativa, il titolo di [glyph] "Ufficiale di intendenza dell'esercito" è di norma riservato a funzionari civili[3], anche se, in alcuni casi, abbiamo a che fare con personaggi che hanno ricoperto incarichi militari, come, ad esempio, quello di [glyph] "Portastendardo" preposto al comando di una compagnia di 200-250 uomini[4].
	Il fatto che il defunto rechi solo il titolo [glyph] senza alcun riferimento all'esercito, non ne esclude tuttavia un impiego in tale ambito, dato che, a conti fatti, si tratta in entrambe i casi di un incarico di tipo amministrativo[5].
Riferimenti:	PN I, 19, 398 Non risultano attestati personaggi omonimi.
Bibliografia:	Pellegrini 1900, p.30 n.179
Note:	1. Wb.I, p.288, 9-14; Faulkner 1953, p.42; Schulman 1964, p.37, §84-86; Chevereau 1994, p.228 n.35.
	2. Faulkner 1953, p.42 note 1 e 7.
	3. Chevereau 1994, p.223 n.35.05.
	4. Chevereau 1994, p.229 n.35.01, 35.02, 35.03, 35.04, 35.06.
	5. Faulkner 1953, pp.41-42.

TC 6   **Ushabti di *Dw3-R^c***   

Inventario	4688
Materiale:	Faience celeste
Dimensioni:	**h** 12.5 – **l** 4 – **s** 1.8 cm
Provenienza:	n.n.
Acquisizione:	Collezione Ricci 1832
Conservazione:	Piedi completamente asportati, volto danneggiato e smalto consunto
Note tecniche	Esecuzione a stampo, particolari del corpo e geroglifici in nero
Datazione:	Terzo Periodo Intermedio

Descrizione:

Cl.VB4; W8; H29; I5; B5b; Tp.7a

L'ushabti presenta parrucca tripartita striata con nastri di color nero che copre le orecchie; volto con particolari dipinti: palpebre, sopracciglia e bocca in nero; collana *usekh* appena evidenziata in nero; mani contrapposte definite in nero; zappe dipinte sulle braccia in nero; gambe non distinte e piedi non definiti; geroglifici dipinti in nero in un'unica colonna frontale.

Formula:

P

Testo:

L'Osiride, l'ufficiale d'intendenza Dw3-R^c giustificato

Commento al titolo: Il titolo 𓊮𓂝𓈖 "Ufficiale d'intendenza"[1] in ambito militare è attestato dal Medio Regno alla fine della XX dinastia; è un incarico di natura prevalentemente amministrativa che nel Nuovo Regno, indica un personaggio in grado di affiancare il visir nelle sue funzioni di "Ministro della Guerra" o di guidare importanti spedizioni per il faraone, come quella di Ramesse IV allo Wadi Hammamat[2]. Data la sua valenza amministrativa, il titolo di 𓊮𓂝𓈖𓀀 "Ufficiale di intendenza dell'esercito" è di norma riservato a funzionari civili[3], anche se, in alcuni casi, abbiamo a che fare con personaggi che hanno ricoperto incarichi militari, come, ad esempio, quello di 𓀁𓏤𓈖𓏏𓏛 "Portastendardo" preposto al comando di una compagnia di 200-250 uomini[4].

Il fatto che il defunto rechi solo il titolo 𓊮𓂝𓈖 senza alcun riferimento all'esercito, non ne esclude tuttavia un impiego in tale ambito, dato che, a conti fatti, si tratta in entrambe i casi di un incarico di tipo amministrativo[5].

Riferimenti: PN I, 19, 398
Non risultano attestati altri personaggi omonimi.

Bibliografia: Pellegrini 1900, p.30 n.180

Note:
1. Wb.I, p.288, 9-14; Faulkner 1953, p.42; Schulman 1964, p.37, §84-86; Chevereau 1994, p.228 n.35.
2. Faulkner 1953, p.42 note 1 e 7.
3. Chevereau 1994, p.223 n.35.05.
4. Chevereau 1994, p.229 n.35.01, 35.02, 35.03, 35.04, 35.06.
5. Faulkner 1953, pp.41-42.

TC 7   Ushabti di *Dw3-R^c*

Inventario	4674
Materiale:	Faience celeste
Dimensioni:	**h** 14.5 – **l** 4 – **s** 1.9 cm
Provenienza:	n.n.
Acquisizione:	Collezione Ricci 1832
Conservazione:	Piedi e volto danneggiato e smalto consunto
Note tecniche:	Esecuzione a stampo, particolari del corpo e geroglifici in nero
Datazione:	Terzo Periodo Intermedio

Descrizione:

Cl.VB4; **W**8; **H**29; **I**5; **B**5b; **Tp.**7a

L'ushabti presenta parrucca tripartita striata con nastri di color nero che copre le orecchie; volto con particolari dipinti: palpebre, sopracciglia e bocca in nero; collana *usekh* appena evidenziata in nero; mani contrapposte definite in nero; zappe dipinte sulle braccia in nero; gambe non distinte e piedi non definiti; geroglifici dipinti in nero in un'unica colonna frontale.

Formula:

P

Testo:

L'Osiride, l'ufficiale d'intendenza Dw3-R^c giustificato

Commento al titolo:	Il titolo ⟨hieroglyph⟩ "Ufficiale d'intendenza"[1] in ambito militare è attestato dal Medio Regno alla fine della XX dinastia; è un incarico di natura prevalentemente amministrativa che nel Nuovo Regno, indica un personaggio in grado di affiancare il visir nelle sue funzioni di "Ministro della Guerra" o di guidare importanti spedizioni per il faraone, come quella di Ramesse IV allo Wadi Hammamat[2]. Data la sua valenza amministrativa, il titolo di ⟨hieroglyph⟩ "Ufficiale di intendenza dell'esercito" è di norma riservato a funzionari civili[3], anche se, in alcuni casi, abbiamo a che fare con personaggi che hanno ricoperto incarichi militari, come, ad esempio, quello di ⟨hieroglyph⟩ "Portastendardo" preposto al comando di una compagnia di 200-250 uomini[4].
	Il fatto che il defunto rechi solo il titolo ⟨hieroglyph⟩ senza alcun riferimento all'esercito, non ne esclude tuttavia un impiego in tale ambito, dato che, a conti fatti, si tratta in entrambe i casi di un incarico di tipo amministrativo[5].
Riferimenti:	PN I, 19, 398 Non risultano attestati altri personaggi omonimi.
Bibliografia:	Pellegrini 1900, p.30 n.181
Note:	1. Wb.I, 288, 9-14; Faulkner 1953, p.42; Schulman 1964, p.37, §84-86; Chevereau 1994, p.228 n.35. 2. Faulkner 1953, p.42 note 1 e 7. 3. Chevereau 1994, p.223 n.35.05. 4. Chevereau 1994, p.229 n.35.01, 35.02, 35.03, 35.04, 35.06. 5. Faulkner 1953, pp.41-42.

TC 8	Ushabti di *Dw3-R^c*	

Inventario	4683	
Materiale:	Faience celeste	
Dimensioni:	**h** 13.4 – **l** 4 – **s** 2 cm	
Provenienza:	n.n.	
Acquisizione:	Collezione Ricci 1832	
Conservazione:	Volto danneggiato nella parte superiore	
Note tecniche:	Esecuzione a stampo, particolari del corpo e geroglifici in nero	
Datazione:	Terzo Periodo Intermedio	
Descrizione:	**Cl.**VB4; **W**8; **H**29; **I**5; **B**5b; **Tp.**7a	

L'ushabti presenta parrucca tripartita striata con nastri di color nero che copre le orecchie; volto con particolari dipinti: palpebre, sopracciglia e bocca in nero; collana *usekh* appena evidenziata in nero; mani contrapposte definite in nero; zappe dipinte sulle braccia in nero; gambe non distinte e piedi non definiti; geroglifici dipinti in nero in un'unica colonna frontale.

Formula:	**P**

Testo:	*L'Osiride, l'ufficiale d'intendenza Dw3-R^c giustificato*

Commento al titolo:

Il titolo 𓊹𓏤 "Ufficiale d'intendenza"[1] in ambito militare è attestato dal Medio Regno alla fine della XX dinastia; è un incarico di natura prevalentemente amministrativa che nel Nuovo Regno, indica un personaggio in grado di affiancare il visir nelle sue funzioni di "Ministro della Guerra" o di guidare importanti spedizioni per il faraone, come quella di Ramesse IV allo Wadi Hammamat[2]. Data la sua valenza amministrativa, il titolo di 𓊹𓏤𓏤 "Ufficiale di intendenza dell'esercito" è di norma riservato a funzionari civili[3], anche se, in alcuni casi, abbiamo a che fare con personaggi che hanno ricoperto incarichi militari, come, ad esempio, quello di 𓏤𓏤𓏤 "Portastendardo" preposto al comando di una compagnia di 200-250 uomini[4].

Il fatto che il defunto rechi solo il titolo 𓊹𓏤 senza alcun riferimento all'esercito, non ne esclude tuttavia un impiego in tale ambito, dato che, a conti fatti, si tratta in entrambe i casi di un incarico di tipo amministrativo[5].

Riferimenti:

PN I, 19, 398
Non risultano attestati personaggi omonimi.

Bibliografia:

Inedito

Note:

1. Wb.I, p.288, 9-14; Faulkner 1953, p.42; Schulman 1964, p.37, §84-86; Chevereau 1994, p.228 n.35.
2. Faulkner 1953, p.42 note 1 e 7.
3. Chevereau 1994, p.223 n.35.05.
4. Chevereau 1994, p.229 n.35.01, 35.02, 35.03, 35.04, 35.06.
5. Faulkner 1953, pp.41-42.

TC 9   **Ushabti di** *Dw3-Rᶜ*   

Inventario	1863
Materiale:	Faience celeste
Dimensioni:	**h** 13.4 – **l** 4 – **s** 2 cm
Provenienza:	n.n.
Acquisizione:	Collezione Ricci 1832
Conservazione:	Integro (volto lievemente consunto)
Note tecniche:	Esecuzione a stampo, particolari del corpo e geroglifici in nero
Datazione:	Terzo Periodo Intermedio

Descrizione:

Cl.VB4; **W8**; **H29**; **I5**; **B5b**; **Tp.**7a

L'ushabti presenta parrucca tripartita striata con nastri di color nero che copre le orecchie; volto con particolari dipinti: palpebre, sopracciglia e bocca in nero; collana *usekh* appena evidenziata in nero; mani contrapposte definite in nero; zappe dipinte sulle braccia in nero; gambe non distinte e piedi non definiti; geroglifici dipinti in nero in un'unica colonna frontale.

Formula:

P

Testo:

L'Osiride, l'ufficiale d'intendenza Dw3-Rᶜ giustificato

Commento al titolo:

Il titolo [hieroglyphs] "Ufficiale d'intendenza"[1] in ambito militare è attestato dal Medio Regno alla fine della XX dinastia; è un incarico di natura prevalentemente amministrativa che nel Nuovo Regno, indica un personaggio in grado di affiancare il visir nelle sue funzioni di "Ministro della Guerra" o di guidare importanti spedizioni per il faraone, come quella di Ramesse IV allo Wadi Hammamat[2]. Data la sua valenza amministrativa, il titolo di [hieroglyphs] "Ufficiale di intendenza dell'esercito" è di norma riservato a funzionari civili[3], anche se, in alcuni casi, abbiamo a che fare con personaggi che hanno ricoperto incarichi militari, come, ad esempio, quello di [hieroglyphs] "Portastendardo" preposto al comando di una compagnia di 200-250 uomini[4].

Il fatto che il defunto rechi solo il titolo [hieroglyphs] senza alcun riferimento all'esercito, non ne esclude tuttavia un impiego in tale ambito, dato che, a conti fatti, si tratta in entrambe i casi di un incarico di tipo amministrativo[5].

Riferimenti:

PN I, 19, 398
Non risultano attestati personaggi omonimi.

Bibliografia:

Inedito

Note:

1. Wb.I, p.288, 9-14; Faulkner 1953, p.42; Schulman 1964, p.37, §84-86; Chevereau 1994, p.228 n.35.
2. Faulkner 1953, p.42 note 1 e 7.
3. Chevereau 1994, p.223 n.35.05.
4. Chevereau 1994, p.229 n.35.01, 35.02, 35.03, 35.04, 35.06.
5. Faulkner 1953, pp.41-42.

DOCUMENTAZIONE FOTOGRAFICA

TM1

TM1

TM2

TM2

TM3

TM3

TM3

TM3

TM4

TM4

TM5

TM5

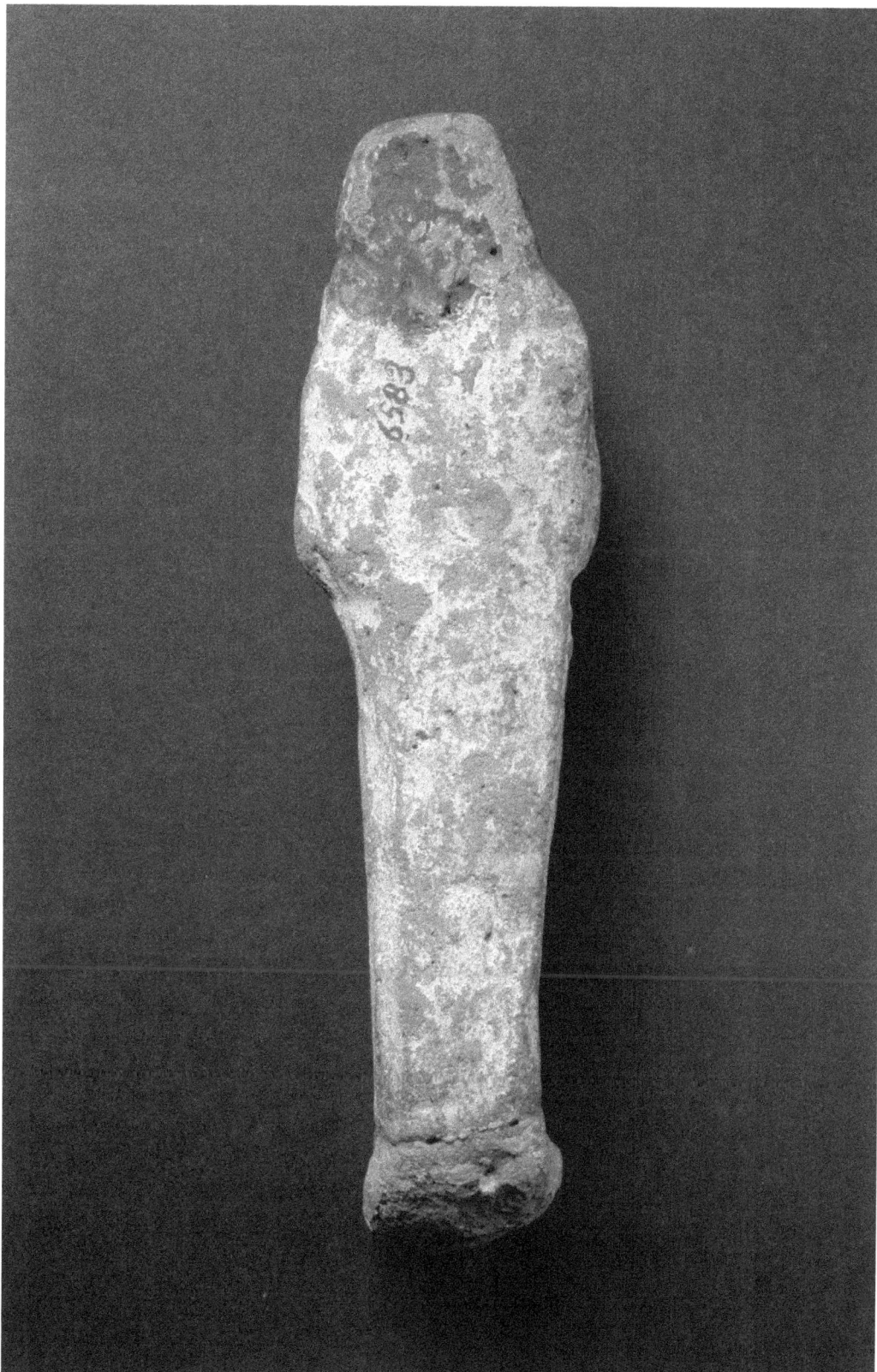

TM6

TM6

TM7

TM7

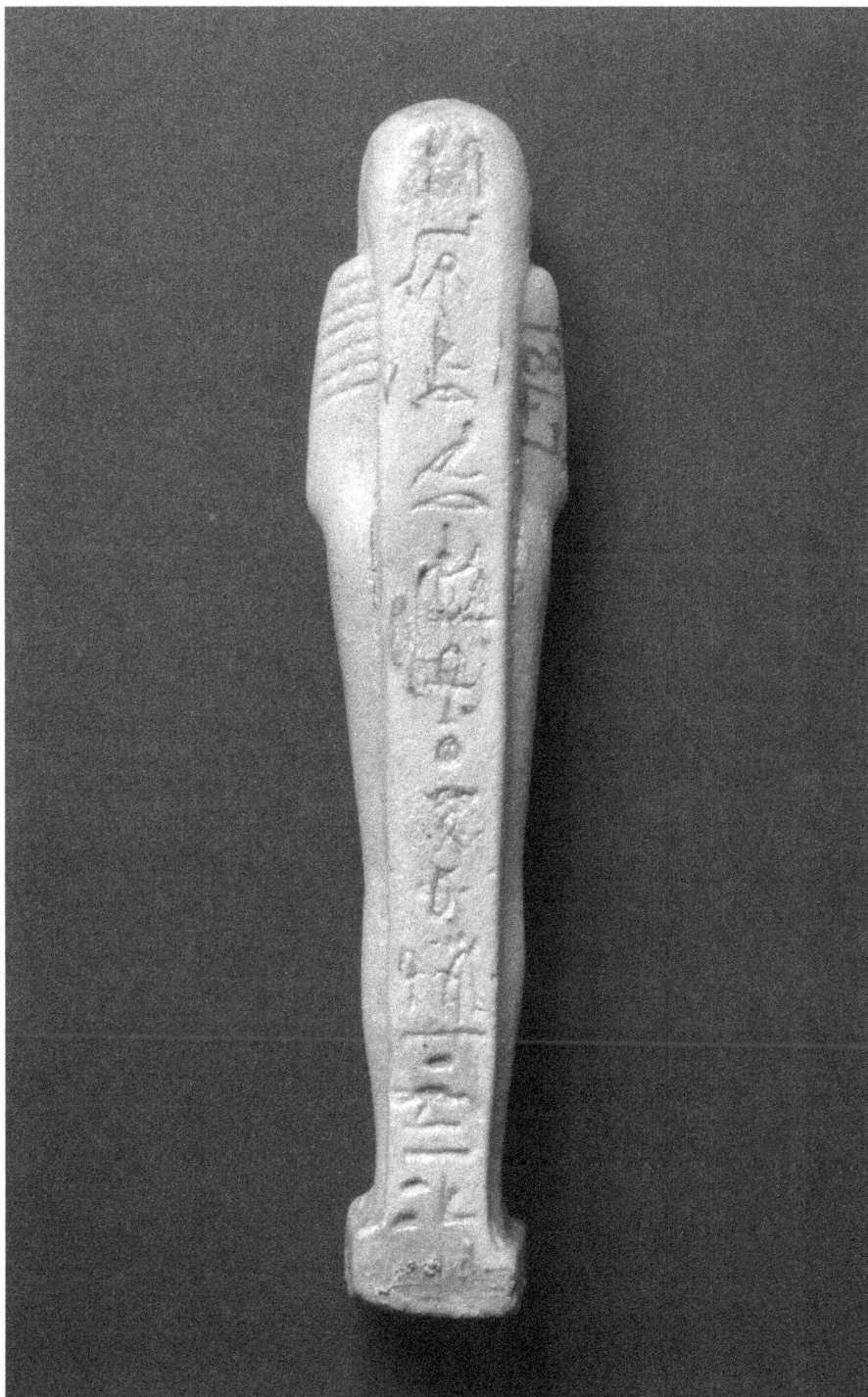

TM8

TM9

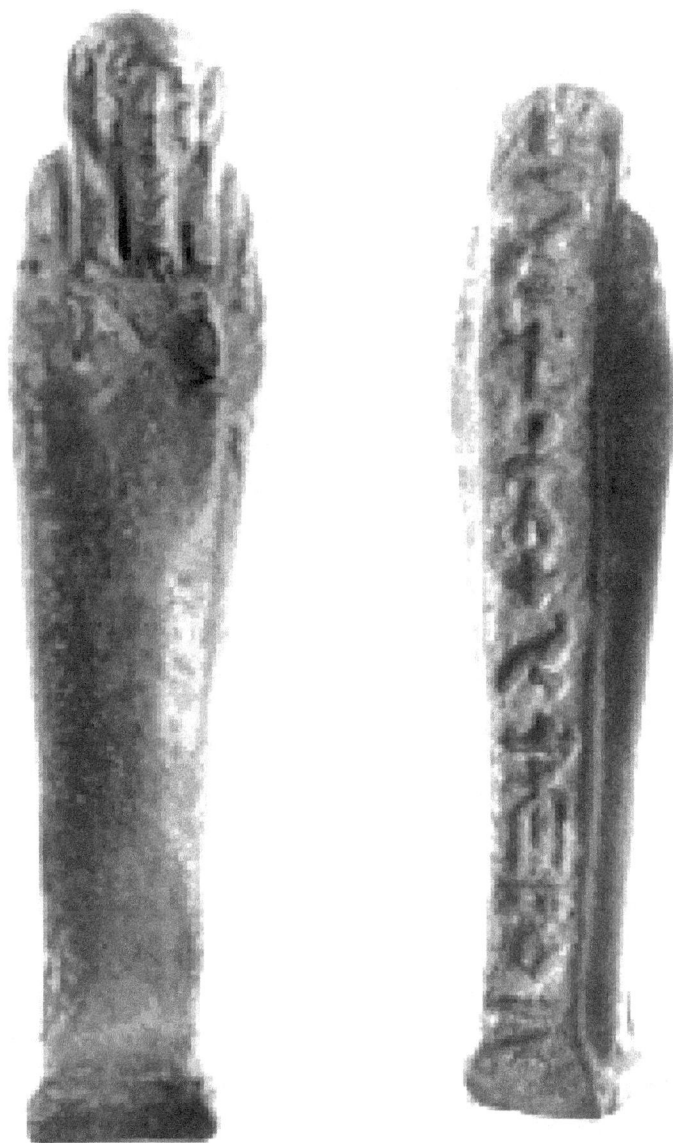

TC1

TC1

TC1

TC1

TC2

TC2

TC3

TC3

TC3

TC3

TC4

TC4

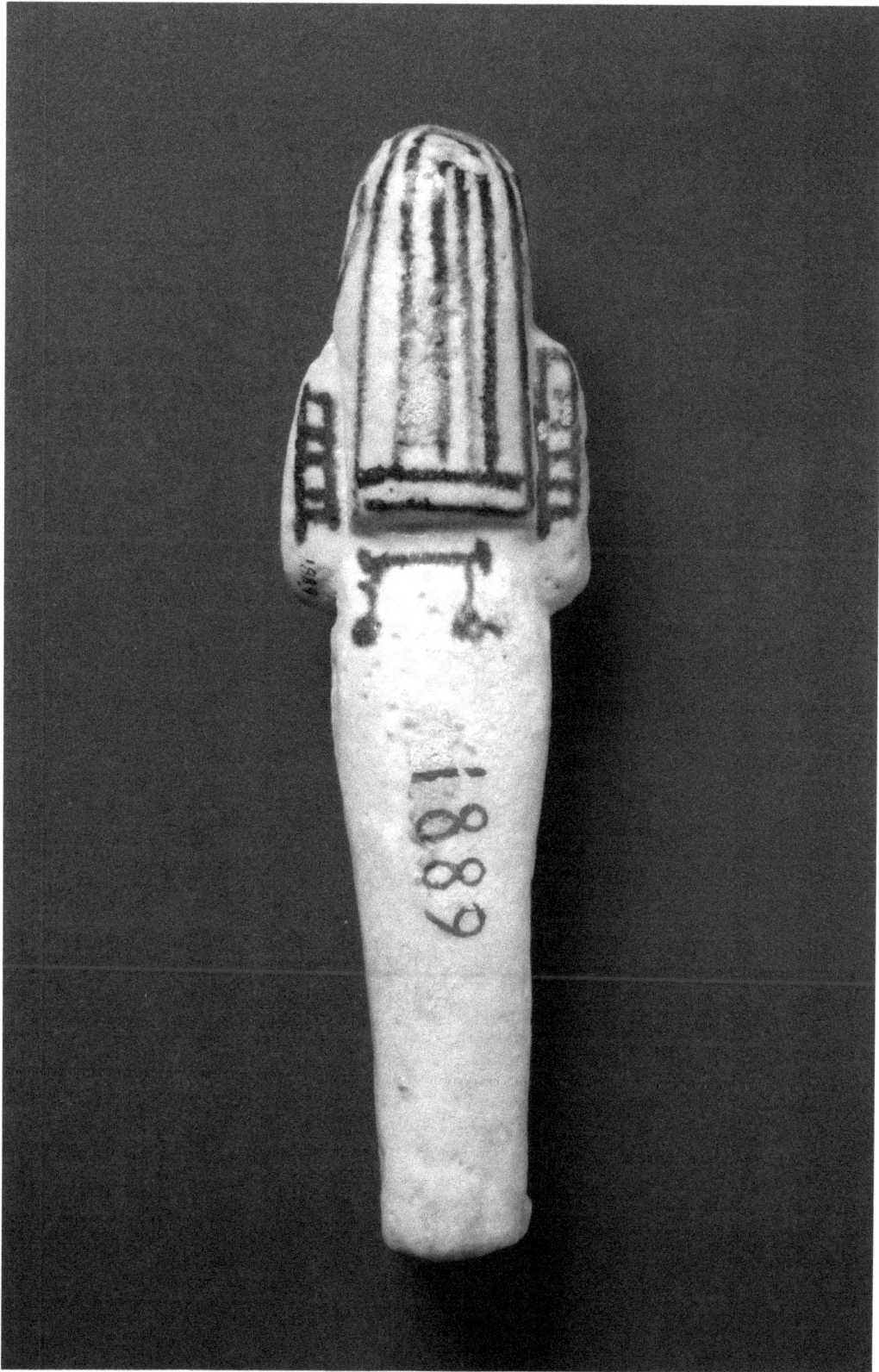

TC5

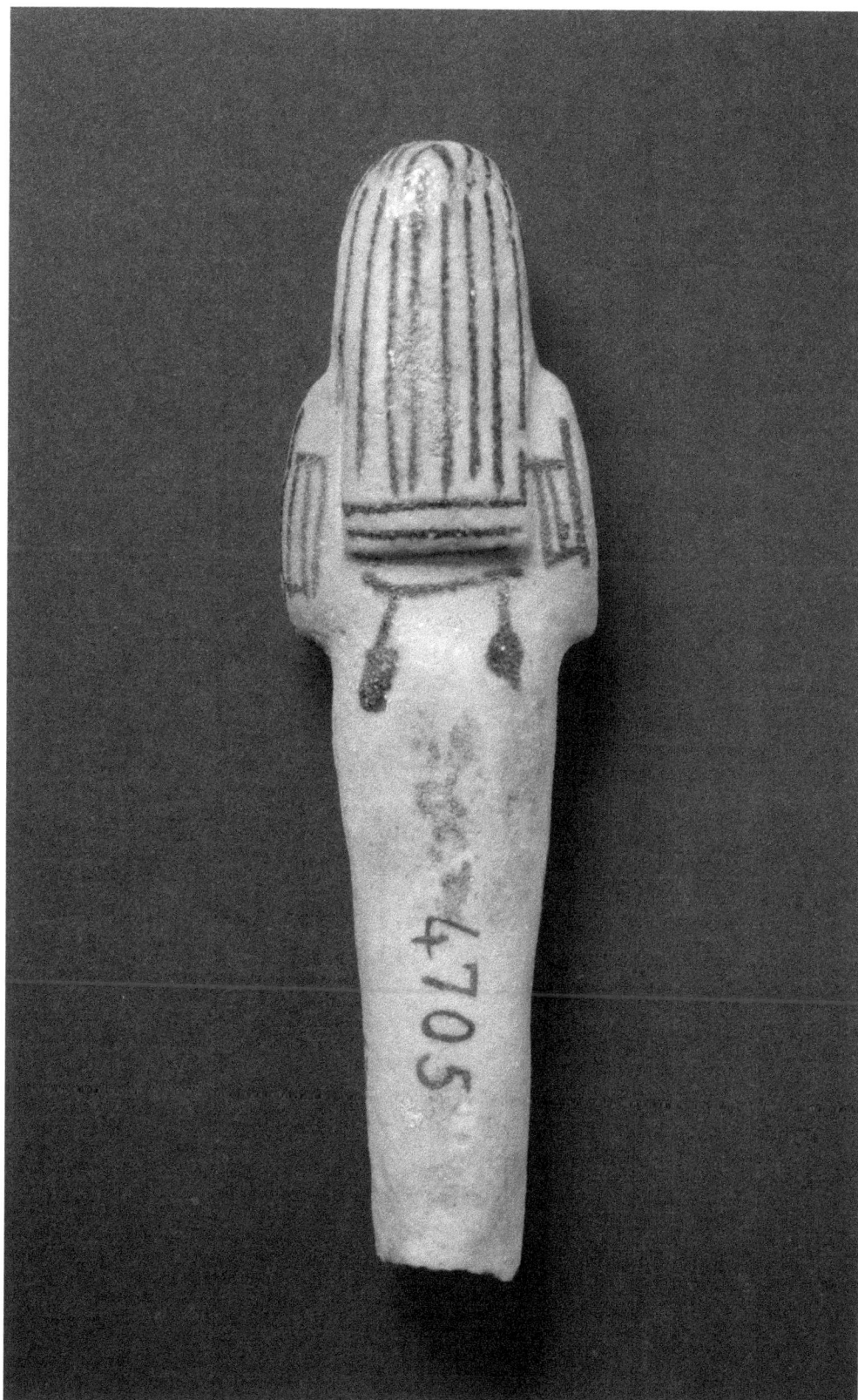

TC5

TC6

TC6

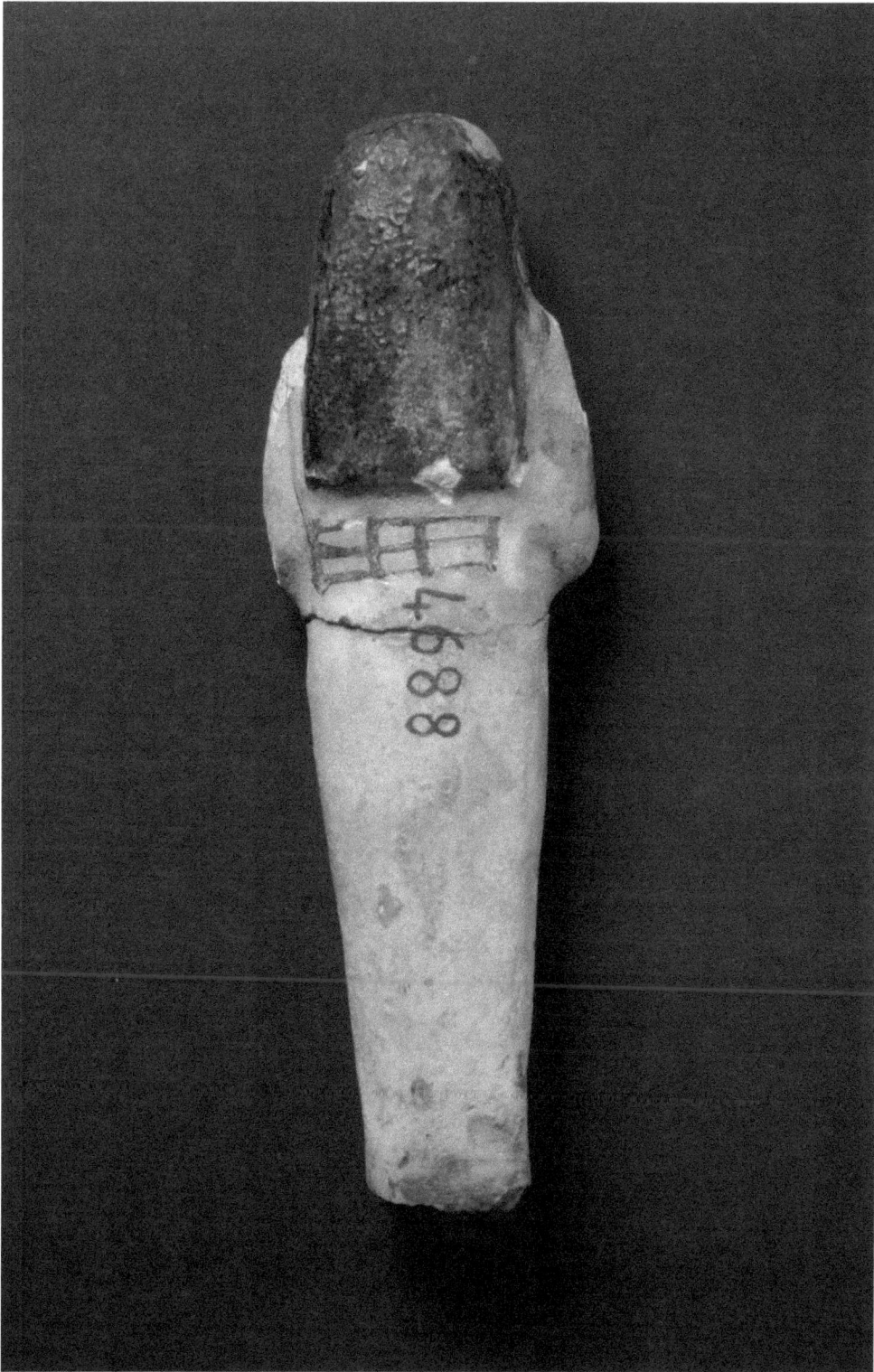

TC7

TC7

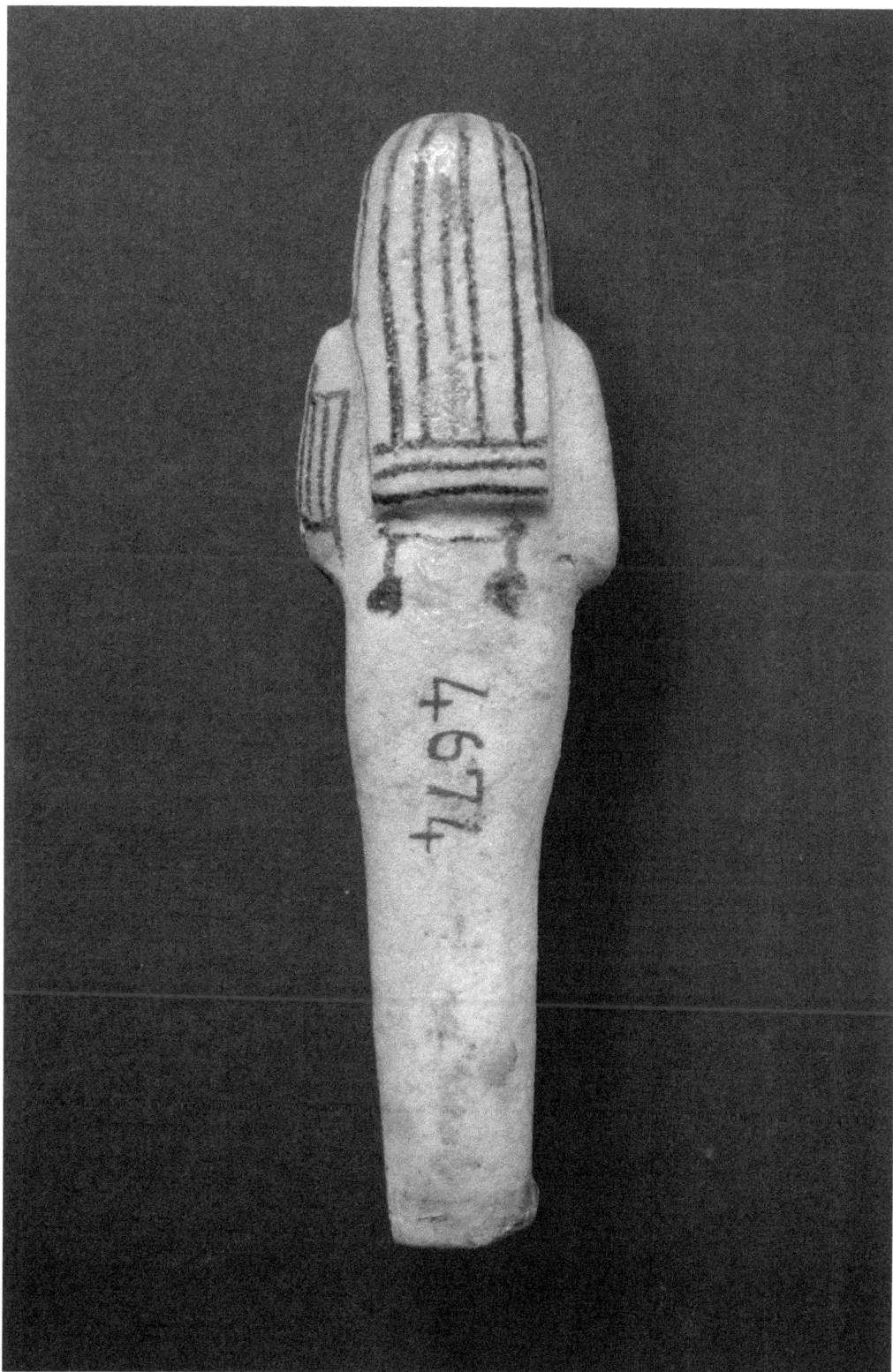

TC8

TC8

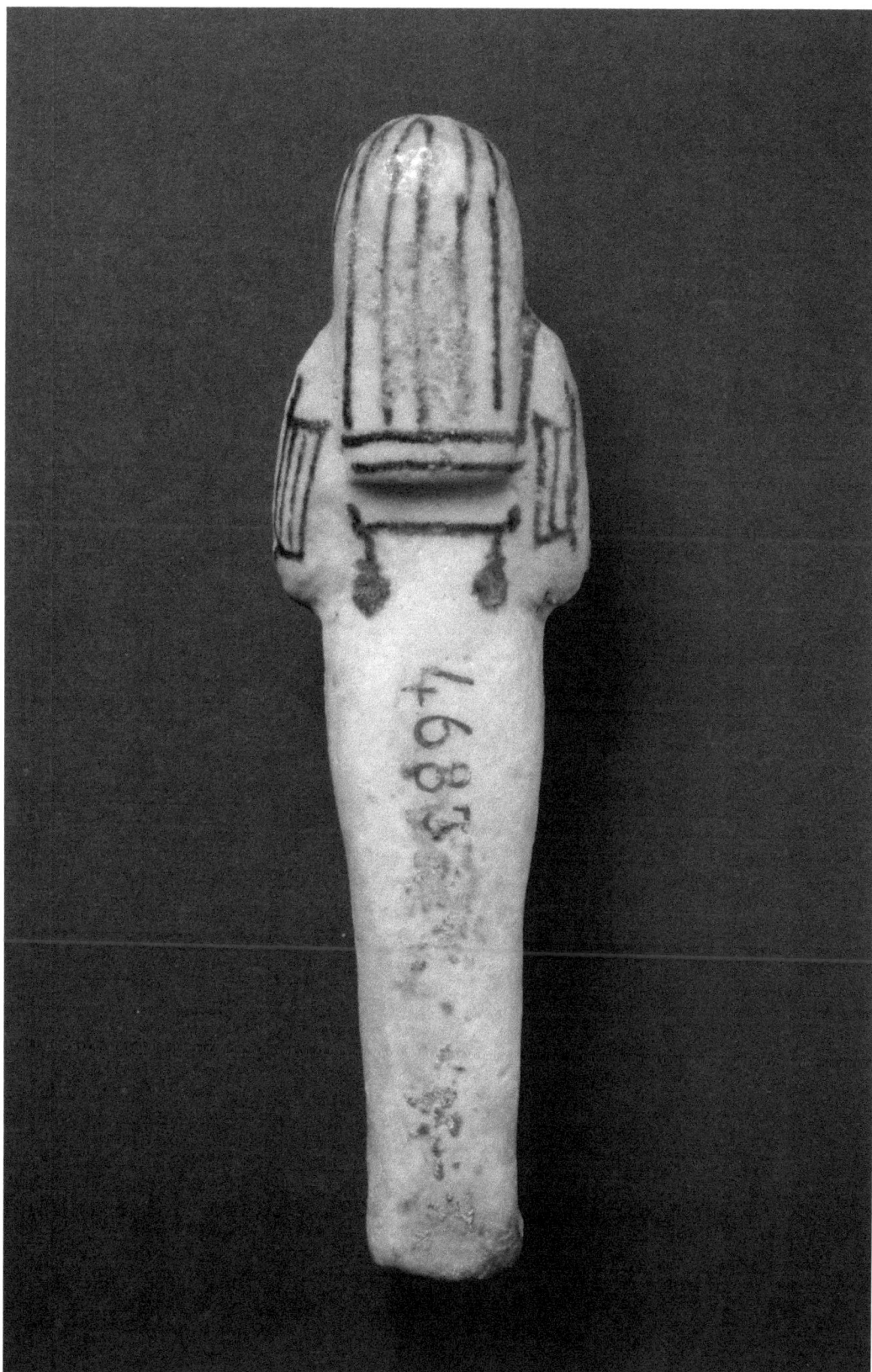

TC9

TC9

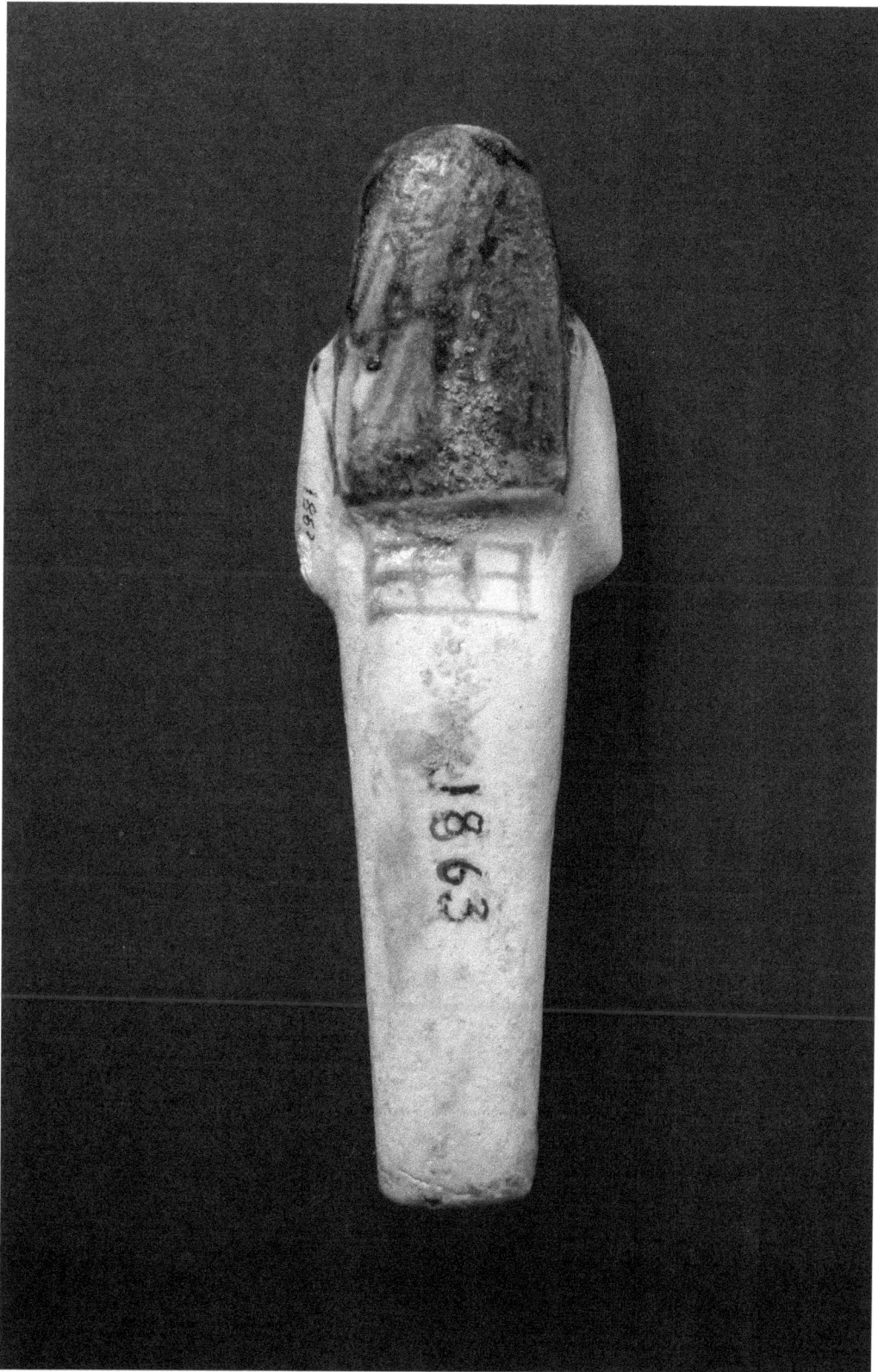

BIBLIOGRAFIA

Abbreviazioni

BiOr – Biblioteca Orientalis
JARCE - Journal of the American Research Center in Egypt
JEA - Journal of the Egyptian Archaeology
JNES – Journal of Near East Studies
KRI - K. A. Kitchen *Ramesside Inscriptions, Historical and Bibliographical* (Oxford 1968-1999)
LÄ – Lexikon der Ägyptologie (Wiesbaden 1975-1987)
MÄS - Münchner Ägyptischer Studien (Berlin)
PN - Ranke H., *Die Äegyptische Personennamen* (Gluckstadt 1935)
RSO – Rivista Studi Orientali
Sch.1977 – Schneider 1977
Urk - Urkunden des ägyptischen Altertums (Leipzig, 1932-1961), 8 volumi
Wb – Erman and Grapow, *Wörterbuch der ägyptischen Sprache* (Berlin and Leipzig)

Bibliografia

Chevereau P.M.
 1985 - *Prosopographie des Cadres Militarires Égyptiens de la Basse Epoque* (Paris);

 1994 - *Prosopographie des Cadres Militarires Égyptiens du Nouvel Empire* (Antony)

Christophe L.A.
 1957 - "L'organisation de l'armée égyptienne à l'époque ramesside" in *Revue du Caire* 39, n.207, pp.387-405

Del Francia P.R – Guidotti M.C.
 1992 – *La Raccolta Egizia Massimiliano Strozzi Sacrati a Firenze* (Firenze)

Faulkner R.O.
 1953 - "Egyptian Military Organization" in *JEA* 39, pp.32-47

Guidotti M.C. – F.Pecchioli Daddi
 2002 - *La Battaglia di Qadesh: Ramesse II contro gli Ittiti per la conquista della Siria* (Livorno)

Helck H.W.
 1939 - *Der Einfluss der Militärführerin der 18 Ägyptische Dynastie* (Hildesheim)

Pellegrini A.
 1900 – *Statuette Funerarie del Museo Archeologico di Firenze* estratto dal "Bessarione" *RSO* IV, Vol.VII fascicolo 43-46 (Roma)

Schneider H.D.
 1977 - *Shabtis, an introduction to the History of Ancient Egyptian Statuettes* (Leiden)

Schulman A.
 1957 - "Egyptian Representations of Horseman and Riding in the New Kingdom" in JNES 16, pp.264-ss.

 1963 - "Egyptian Chariotry: A re-Examination, in JARCE 3, pp.95-ss.

 1964 - *Military Rank, Title and Organization in Egyptian New Kingdom* in MÄS 6

Yoyotte J. – Lopez J.
 1969 – "L'organisation de l'armée et les titulatures de soldat au Nouvel Empire égyptien" in *BiOr* 26, pp.45-49.

INDICE DEI NOMI E DEI TITOLI

INDICE DEI NOMI

N.	Nome	Titolo	PN	Pag.
TM1			I, 233,18	8
TM2			I, 209, 4	11
TM3			I, 280, 8	14
TM4			N.N.	17
TM5			I, 77, 33	19
TM6			I, 136, 8	22
TM7			I, 63, 5	25
TM8			I, 73, 3	27
TM9			I, 73, 3	29
TC1			I, 220, 5	34
TC2			I, 11, 2	37
TC3			Cfr. I, 245, 21.	39
TC4			I, 398, 19	42
TC5			I, 398, 19	44
TC6			I, 398, 19	46
TC7			I, 398, 19	48
TC8			I, 398, 19	50
TC9			I, 398, 19	52
Titoli incerti		(?)	N.N.	31

INDICE DEI TITOLI

N.	Titolo	Nome	Cheverau	Pag.
TM1			1994, p.60 n.11	8
TM2			1994, p.22 n.2.19	11
TM3			1994, p.22 n.2.19	14
TM4			1994, p.22 n.2.19	17
TM5			1994, p.45 n.7	19
TM6			1994, p.183 n.23	22
TM7			1985, p.260	25
TM8			1985, p.260	27
TM9			1985, p.260	29
TC1			1994, p.92 n.13	34
TC2			1994, p.94 n.3	37
TC3			Cfr. 1994, p.94 n.3 1994, p.228 n.35	39
TC4			1994, p.228 n.35	42
TC5			1994, p.228 n.35	44
TC6			1994, p.228 n.35	46
TC7			1994, p.228 n.35	48
TC8			1994, p.228 n.35	50
TC9			1994, p.228 n.35	52
Titoli incerti	(?)		Cfr. 1994, p.22 n.2.19	31

www.ingramcontent.com/pod-product-compliance
Lightning Source LLC
Chambersburg PA
CBHW051304270326

41926CB00030B/4713